Jungs an die Stifte!
Schritt für Schritt
liebevolle Motive
zeichnen lernen

Lotta Burchner

Zeichnen lernen ist eine wunderbare Fähigkeit, die jeder erlernen kann. Mit Zeichnen kann man seine Gefühle und Gedanken ausdrücken und andere daran teilhaben lassen.

Dieses Buch zeigt dir, wie du Schritt für Schritt ganz unterschiedliche Zeichnungen anfertigen kannst und dabei nicht nur deine Fähigkeit im Zeichnen verbesserst, sondern auch deine Kreativität, Konzentration und dein Durchhaltevermögen förderst.

Alles, was du für das Zeichnen benötigst, ist ein gespitzter Bleistift, ein Radiergummi und ein paar weiße Blätter.
Und denke immer daran, aller Anfang ist schwer. Mach dir über Zeichenfehler keine Sorgen, das ist völlig normal! Üben und nicht aufgeben ist beim Zeichnen besonders wichtig!

Einführung - Strich für Strich

Bevor es so richtig mit dem Zeichnen losgeht, beginnen wir mit ein paar Grundlagen, die für das Zeichnen wichtig sind.

In diesem Warm up lernst du, verschiedene Linienarten, Grundformen und einfache Zeichnungen zu zeichnen. Durch diese Übungen sollst du dich an den Umgang mit deinem Bleistift gewöhnen und ein erstes Gefühl für das Zeichnen bekommen.

Achte immer darauf, zuerst leichte Linien zu zeichnen und nicht zu fest auf deinen Bleistift zu drücken, sodass du bei einem Fehler die Linien einfach wieder wegradieren kannst.

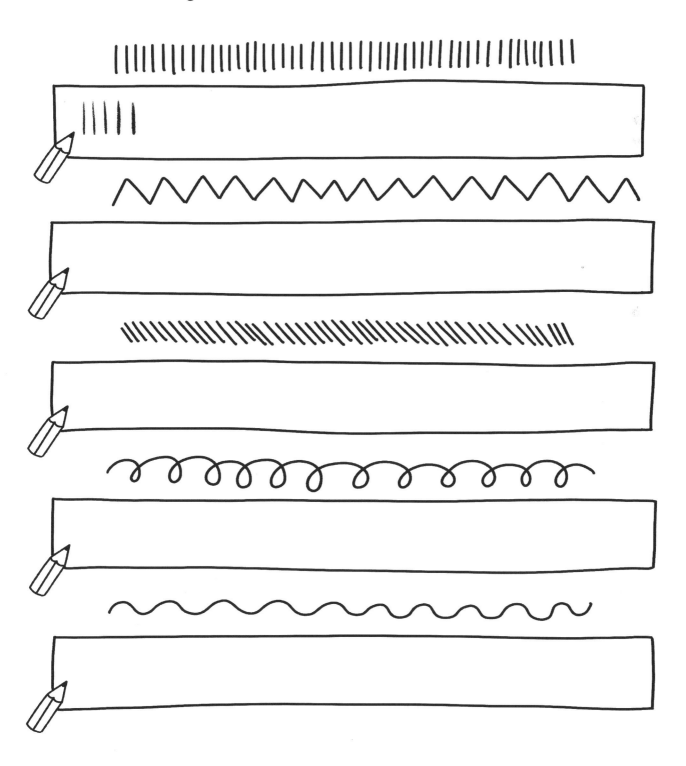

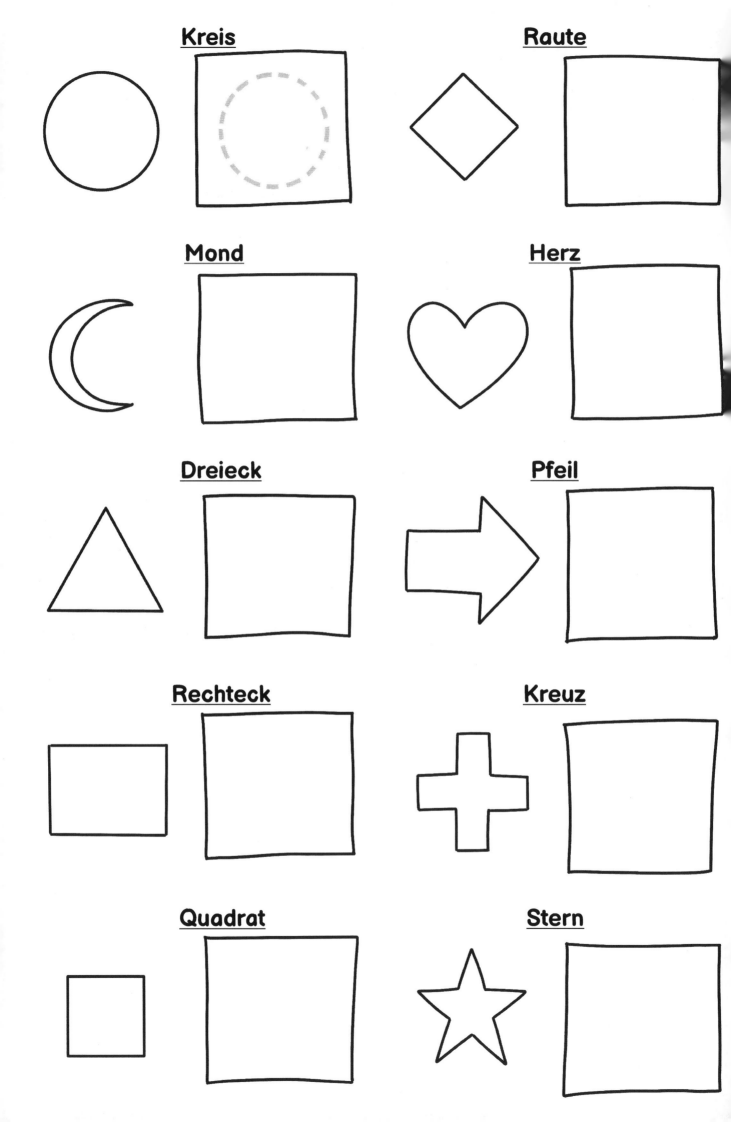

Kreis

Raute

Mond

Herz

Dreieck

Pfeil

Rechteck

Kreuz

Quadrat

Stern

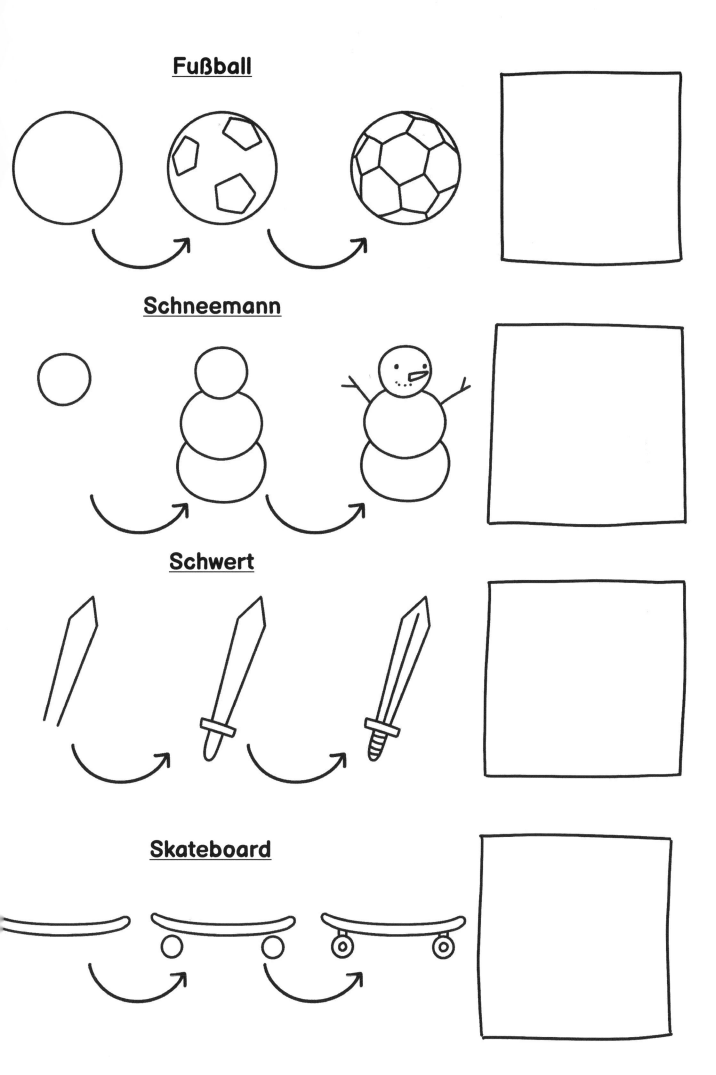

Fußball

Schneemann

Schwert

Skateboard

Pokal

Teleskop

Notizblock

Pinsel

Ran an den gespitzten Bleistift!

Nachdem du das Warm-up erfolgreich gemeistert hast und dich sicher in den Grundlagen fühlst, kann es jetzt so richtig mit dem Zeichnen losgehen! :)
Schnapp dir also ein paar weiße Blätter, deinen gespitzten Bleistift und einen Radiergummi!

Schau dir die nächsten beiden Seiten des Buches einmal genau an. Jede Seite in diesem Buch ist immer gleich aufgebaut.

Wie du sehen kannst...
· lernst du jede Zeichnung immer in vier Schritten.
· gibt es bei einigen Zeichnungen graue Linien. Diese grauen Linien musst du im nächsten Schritt wieder wegradieren. Achte also bei diesen Linien besonders darauf, nicht zu fest mit dem Bleistift aufzudrücken.
· findest du auf jeder Zeichenanleitung ein Kästchen mit der Überschrift "Das kann ich schon!". Sobald du diese Zeichnung sicher zeichnen kannst, mache ein Häkchen in das Kästchen, dann hast du einen besseren Überblick darüber, was du schon alles gelernt hast :)
· gibt es nach jeder Zeichenanleitung eine Seite mit einem vorgefertigten Bild. Zeig was du kannst und vervollständige das Bild mit deiner erlernten Zeichnung! Natürlich kannst du diese Bilder im Anschluss auch bunt ausmalen.

PS: Ach ja, vielleicht ist dir aufgefallen, dass auf jeder Seite mit einer Zeichenanleitung weitere kleinere Zeichnungen versteckt sind. Worauf wartest du? Auch diese Zeichnungen warten nur darauf, von dir nachgezeichnet zu werden!

Hubschrauber

Schon gewusst?

Hubschrauber haben Rotoren anstelle von Flügeln und können dadurch in alle Richtungen fliegen.

Start

Das kann ich schon

Eisbär

Schon gewusst?

Eisbären leben hauptsächlich in der Arktis.

Start

Das kann ich schon

Bagger

Start

Das kann ich schon

Lenkdrache

Start

Das kann ich schon

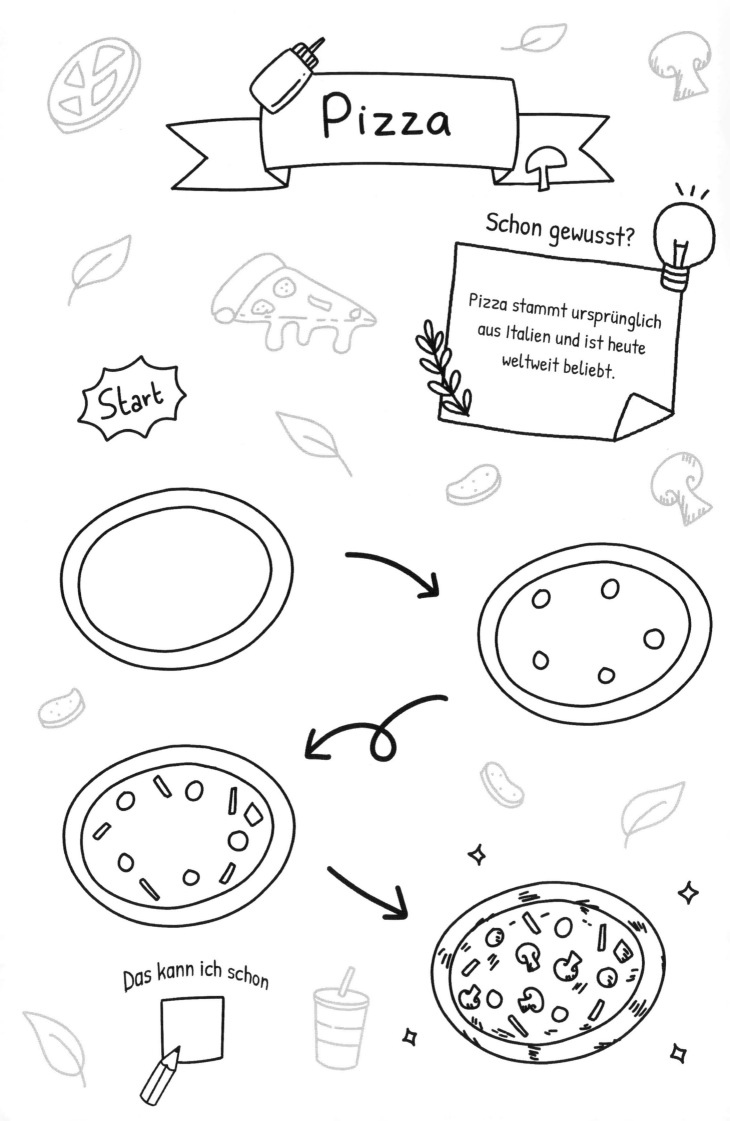

Pizza

Start

Das kann ich schon

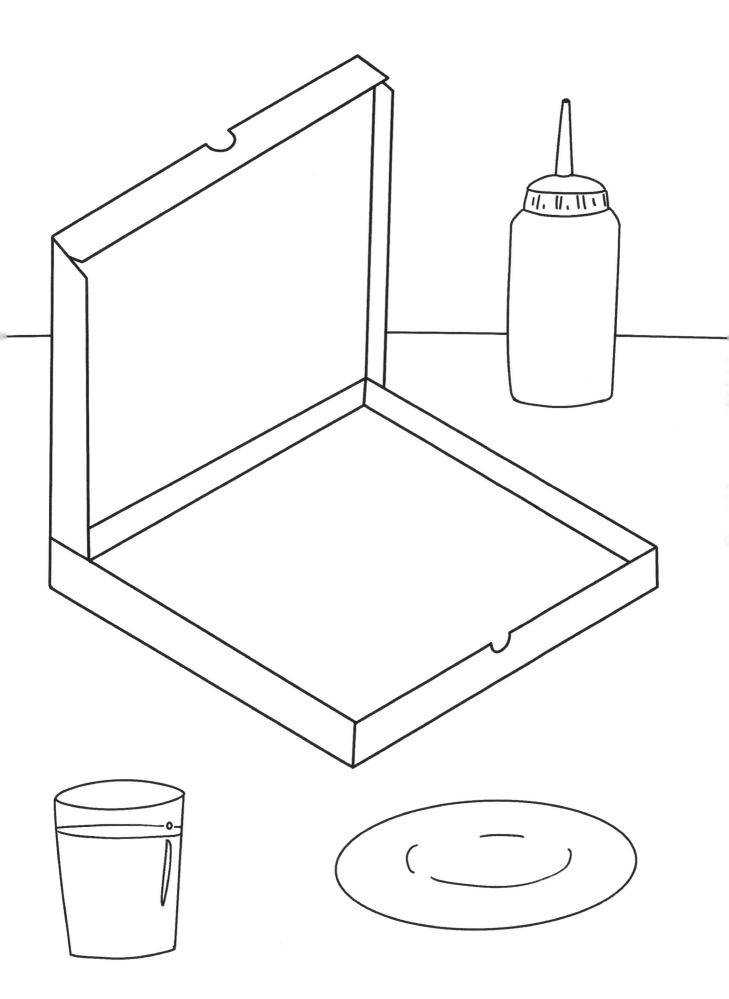

Roboter

Schon gewusst?

Ein Roboter ist eine programmierte Maschine, die Aufgaben ausführen kann wie zum Beispiel mähen, saugen oder kochen.

Start

Das kann ich schon

Monster

Schon gewusst?

Monster sind ausgedachte Figuren, die gruselig und erscheckend sind. Zu ihnen gehören Drachen, Zombies, Werwölfe und Vampire.

Start

Das kann ich schon

Piratenschiff

Start

Das kann ich schon

Dinosaurier

Schon gewusst?

Dinosaurier sind vor etwa 65 Millionen Jahren ausgestorben, aber ihre Knochen sind häufig als Fossilien erhalten geblieben und werden erforscht.

Start

Das kann ich schon

Drache

Schon gewusst?

Drachen sind Wesen, die oft in Geschichten und Märchen vorkommen. Sie spucken oft Feuer und Rauch aus ihrem Mund.

Start

Das kann ich schon

Rakete

Schon gewusst?

Raketen können sehr schnell fliegen und erreichen oft Geschwindigkeiten von mehreren tausend Kilometern pro Stunde.

Start

Das kann ich schon

Koalabär

Start

Das kann ich schon

Schwein

Start

Schon gewusst?

Schweine haben keine Schweißdrüsen, daher nutzen sie Schlamm, um sich abzukühlen.

Das kann ich schon

Sportwagen

1

Schon gewusst?

Einige berühmte Sportwagenhersteller sind Ferrari, Lamborghini und Porsche.

Start

Das kann ich schon

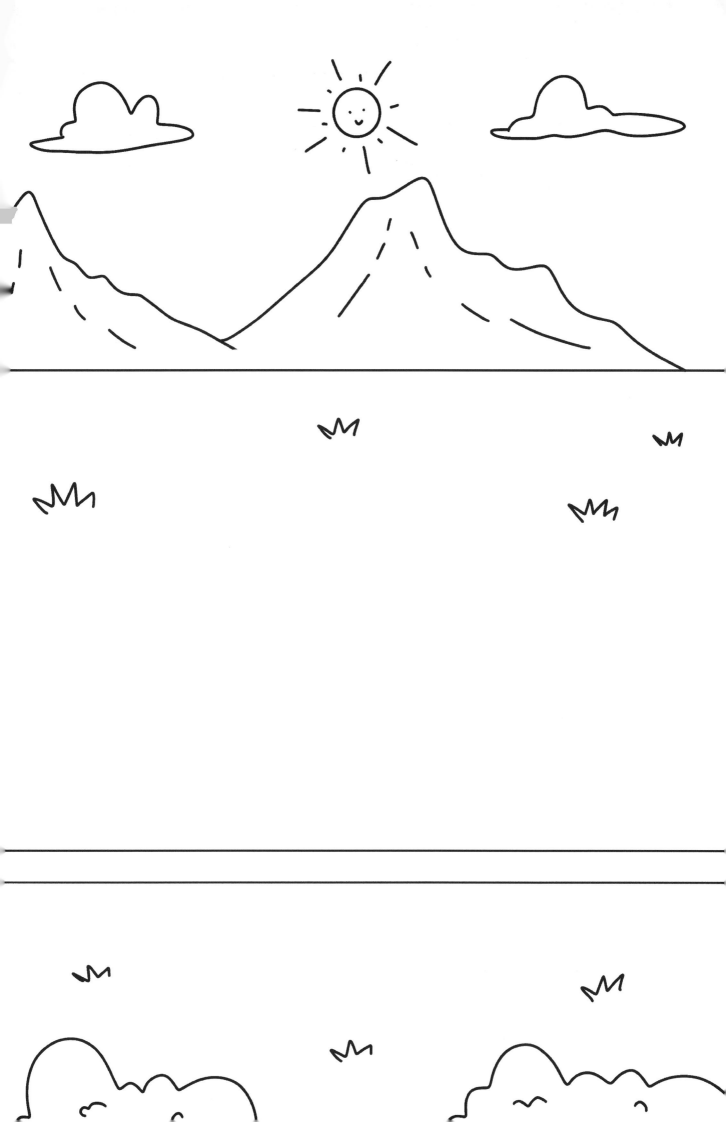

Pirat

Schon gewusst?

Piraten waren Seefahrer, die im 16. bis 18. Jahrhundert in der Karibik und anderen Meeren nach Schätzen suchten.

Start

Das kann ich schon

Wal

Schon gewusst?

Wale sind die größten Tiere auf der Erde und können bis zu 30 Meter lang und über 200 Tonnen schwer werden.

Start

Das kann ich schon

Löwe

Schon gewusst?

Löwen sind die größten Katzen der Welt.

Start

Das kann ich schon

Ninja

Schon gewusst?

Ninjas waren bekannt dafür, sehr schnell und geschickt zu sein und konnten sich gut tarnen.

Start

Das kann ich schon

Zug

Start

Schon gewusst?

Der längste Zug der Welt war 7,3 Kilometer lang und hatte 682 Waggons.

Das kann ich schon

Kieslaster

Start

Schon gewusst?

Kieslaster gehören zu den größten Fahrzeugen auf der Straße und sind oft so groß wie ein Haus.

Das kann ich schon

Ritter

Start

Schon gewusst?

Ritter trugen schwere Rüstungen und kämpften mit Schwertern und Lanzen.

Das kann ich schon

Wikinger

Schon gewusst?

Wikinger waren bekannt dafür, mutige Entdecker von neuen unbekannten Ländern zu sein.

Start

Das kann ich schon

Hai

Start

Das kann ich schon

Rennwagen

Schon gewusst?

Rennwagen können Geschwindigkeiten von mehr als 300 km/h erreichen.

Start

Das kann ich schon

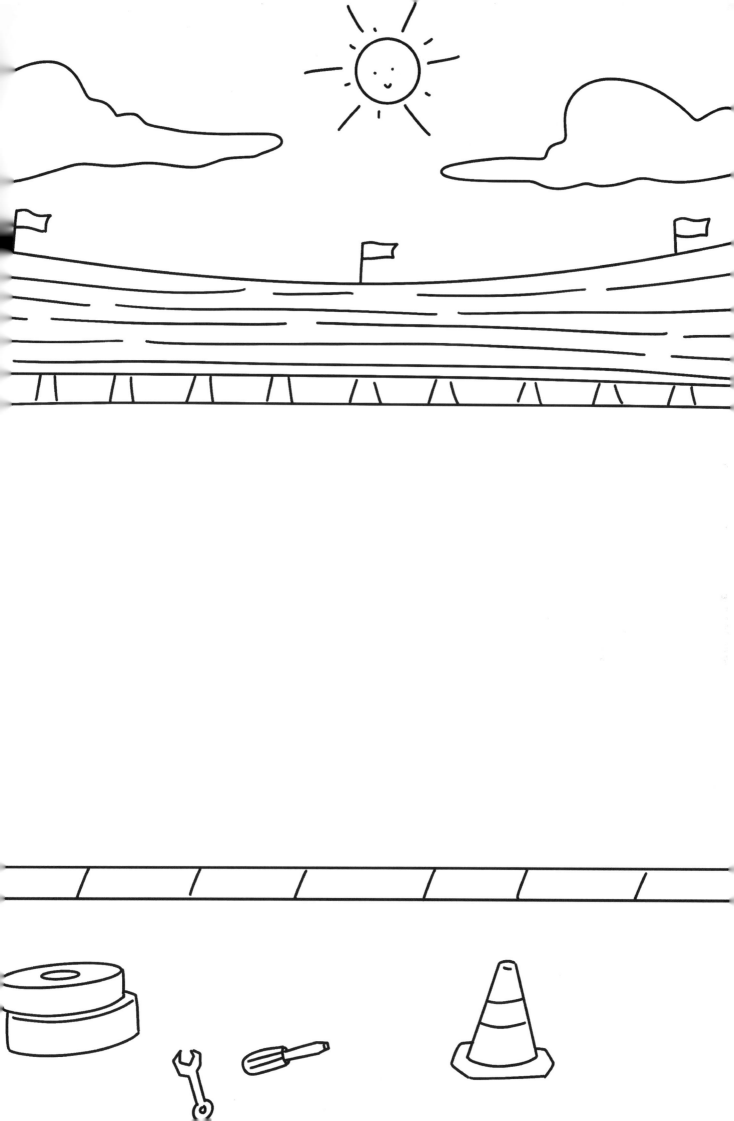

Affe

Schon gewusst?

Affen sind sehr intelligent und können aus verschiedenen Naturmaterialien Werkzeuge herstellen und verwenden.

Start

Das kann ich schon

Vulkan

Schon gewusst?

Ein Vulkan ist ein Berg, aus dem Lava, Asche und Gas austreten kann.

Start

Das kann ich schon

Astronaut

Schon gewusst?

Astronauten können im Weltall schweben, weil es dort keine Schwerkraft gibt.

Start

Das kann ich schon

Krankenwagen

Schon gewusst?

Ein Krankenwagen hat normalerweise eine Sirene und ein Blinklicht, um andere Fahrzeuge auf sich aufmerksam zu machen.

Start

Das kann ich schon

Hund

Schon gewusst?

Hunde können sehr treue Freunde sein und helfen auch oft als Blinden- oder Rettungshunde.

Start

Das kann ich schon

Feuerwehrauto

Schon gewusst?

Um die Feuerwehr zu rufen, wählt man die Rufnummer 112. Diese Nummer ist in über 40 Länder gültig.

Start

Das kann ich schon

Segelboot

Schon gewusst?

Die ältesten bekannten Segelboote stammen aus dem alten Ägypten und wurden etwa 3000 v. Chr. genutzt.

Start

Das kann ich schon

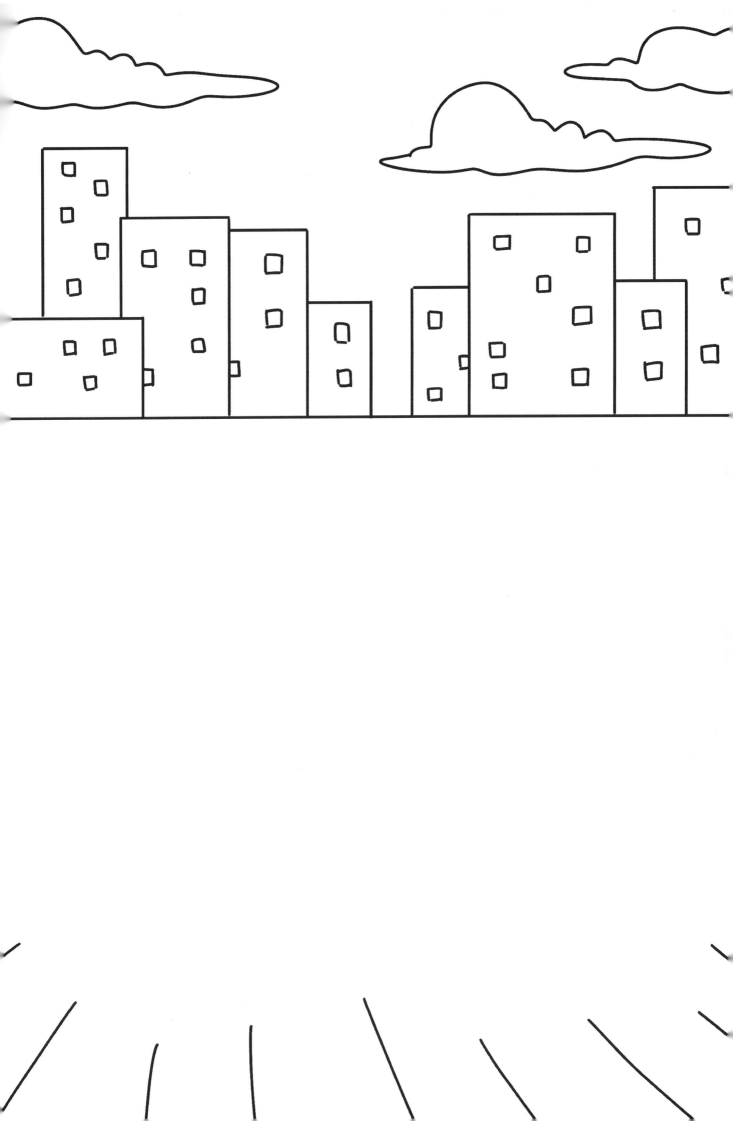

Tintenfisch

Schon gewusst?

Tintenfische können ihre Farbe ändern, um sich vor Feinden zu verstecken und um miteinander zu kommunizieren.

Start

Das kann ich schon

Esel

Start

Das kann ich schon

Traktor

Schon gewusst?

Ein Traktor kann viele verschiedene Aufgaben erledigen, wie zum Beispiel Pflügen, Mähen und Transportieren.

Start

Das kann ich schon

Schaf

Schon gewusst?

Ein Schaf ist ein Tier, das oft auf dem Bauernhof lebt. Aus dem Fell wird Wolle produziert.

Start

Das kann ich schon

Motorrad

Schon gewusst?

Motorräder können sehr schnell fahren und haben oft einen lauten Motor.

Start

Das kann ich schon

Clown

Schon gewusst?

Clowns tragen oft bunte Kostüme, haben rote Nasen und tragen große Schuhe.

Start

Das kann ich schon

Burg

Start

Schon gewusst?

Eine Burg ist ein großes Gebäude, das früher von Rittern und Königen bewohnt wurde.

Das kann ich schon

Zauberer

Schon gewusst?

Zauberer tragen oft besondere Kostüme, haben Zauberstäbe und tragen Hüte.

Start

Das kann ich schon

Nashorn

Schon gewusst?

Nashörner sind vom Aussterben bedrohte Tiere. Heute leben weniger als 30.000 Nashörner in freier Wildbahn.

Start

Das kann ich schon

Kran

Schon gewusst?

Der größte Kran der Welt kann Lasten von bis zu 1000 Tonnen heben.

Start

Das kann ich schon

Fahrrad

Schon gewusst?

Das Fahrrad wurde im 19. Jahrhundert erfunden und ist seitdem zu einem der beliebtesten Transportmittel der Welt geworden.

Start

Das kann ich schon

Kuh

Start

Das kann ich schon

Junge

Schon gewusst?

Ein Junge, wie du einer bist, kann alles in seinem Leben schaffen.

Start

Das kann ich schon

Igel

Schon gewusst?

Igel sind meistens nachtaktiv und fressen gerne Insekten.

Start

Das kann ich schon

Kugelfisch

Schon gewusst?

Wenn Kugelfische bedroht werden, können sie Wasser in ihren Magen pumpen, um so größer und schwerer zu werden.

Start

Das kann ich schon

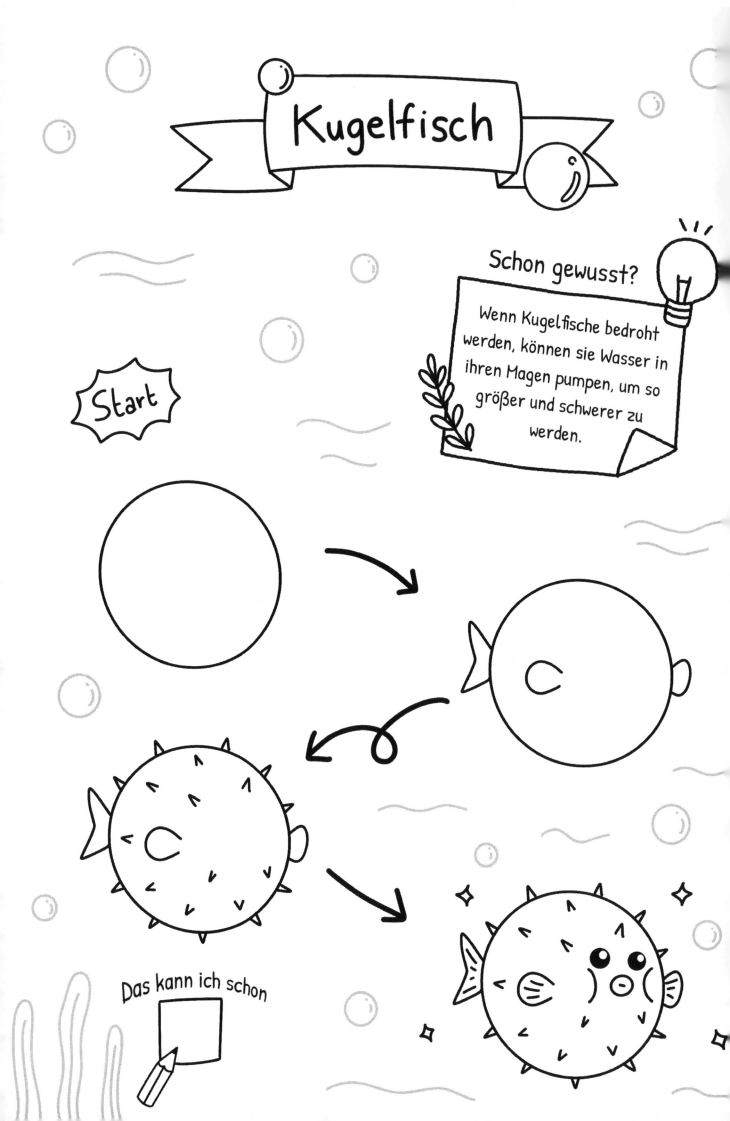

Schlange

Start

Schon gewusst?

Die längste Schlange der Welt ist die Anakonda, sie ist auch als Wasserschlange bekannt.

Das kann ich schon

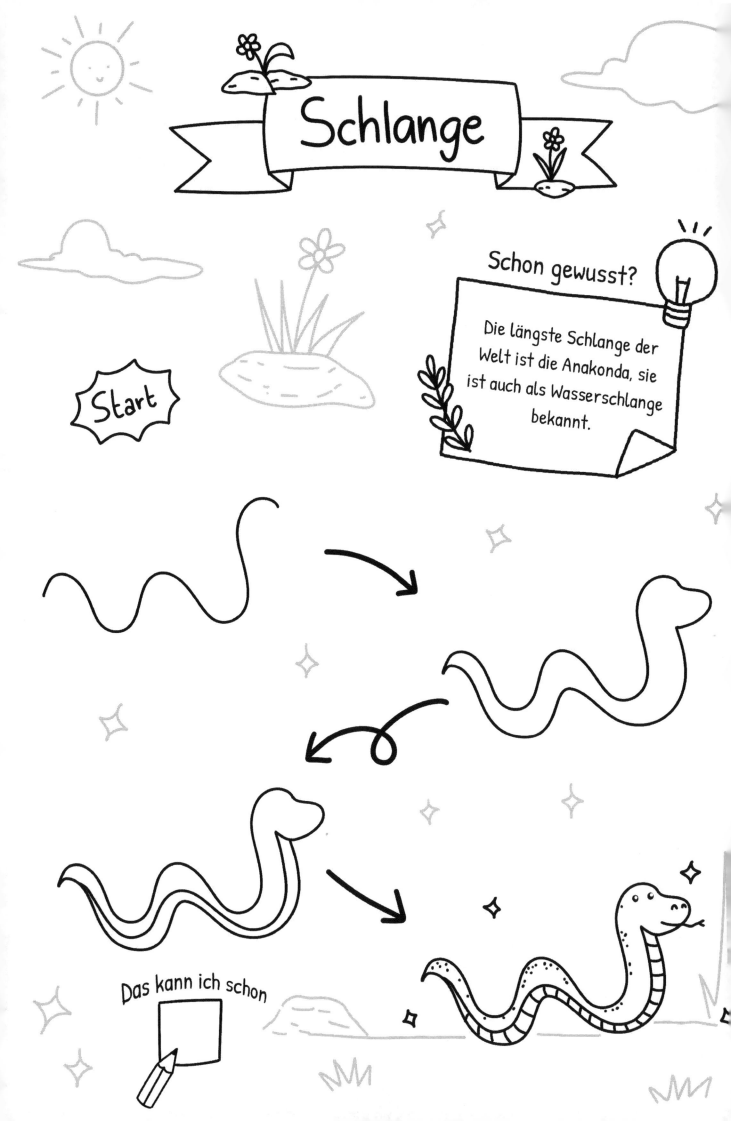

Geist

Schon gewusst?

Geister sind meistens fliegende Gruselwesen, die oft in Filmen oder Gruselbüchern vorkommen.

Start

Das kann ich schon

Schlagzeug

Schon gewusst?

Ein Schlagzeug ist ein Musikinstrument, das aus verschiedenen Trommeln und Becken besteht.

Start

Das kann ich schon

E-Gitarre

Schon gewusst?

E-Gitarren funktionieren nur mit einem Elektrokabel. Es gibt viele verschiedene Arten von E-Gitarren, die sich in Größe, Form und Klang unterscheiden.

Start

Das kann ich schon

Bohrmaschine

Schon gewusst?

Es gibt verschiedene Arten von Bohrmaschinen, zum Beispiel Akkubohrmaschinen, Schlagbohrmaschinen und Ständerbohrmaschinen.

Start

Das kann ich schon

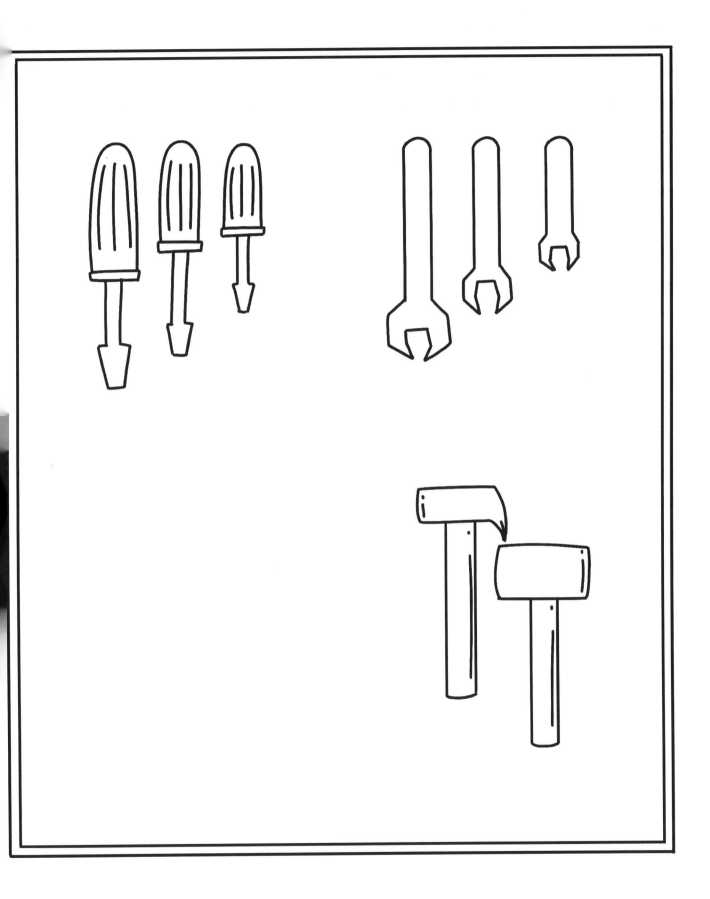

Polizeiauto

Schon gewusst?

Polizeiautos haben oft besondere Ausrüstungen wie Funkgeräte und Sirenen an Bord.

Start

Das kann ich schon

POLIZEI

Bus

Schon gewusst?

Der "AutoTram Extra Grand" ist der größte Bus der Welt mit 31 Meter Länge und Platz für bis zu 256 Passagiere.

Start

Das kann ich schon

Schuh

Start

Schon gewusst?

Robert Wadlow, der als der größte Mensch der Geschichte gilt, hatte eine Schuhgröße von 68.

Das kann ich schon

UFO

Schon gewusst?

UFO ist die Abkürzung für "unidentifiziertes fliegendes Objekt".

Start

Das kann ich schon

Erwecke den Künstler in dir!

Versuche doch einmal, verschiedene Zeichnungen aus diesem Buch miteinander zu einem tollen Gemälde zu vereinen.

Ein Beispiel wie du das umsetzen kannst, findest du hier:

Jetzt bist du an der Reihe, welche Zeichnungen passen deiner Meinung nach zueinander und können gemeinsam ein tolles Gemälde ergeben?

Viel Spaß dabei und denke immer daran:

Nur wer Fehler macht, kann besser werden!

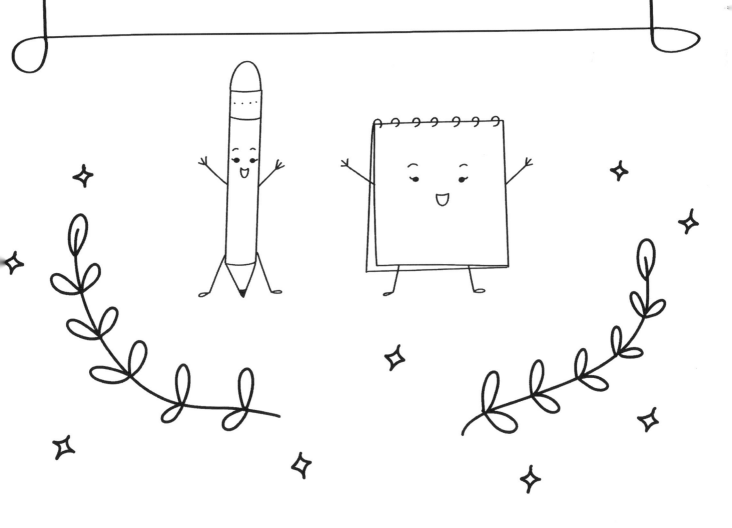

Bibliografische Information der Deutschen Nationalbibliothek Die Deutsche Nationalbibliothek verzeichnet diese Publikation in der Deutschen Nationalbibliografie; detaillierte bibliografische Daten sind im Internet über http://dnb.d-nb.de abrufbar

Deutsche Erstausgabe Juli 2023
Copyright 2023 © Lotta Burchner

Email: lotta.burchner@deine-anfrage.com

Autor: Lotta Burchner
Lektorat: Ann Kathrin W.
Grafikdesign: Amy S.
Druck: Amazon Media EU SARL
Société à responsabilité limitée
38 avenue John F. Kennedy
L-1855 Luxemburg
Kontakt: Kevin Rajkowski
Wendelinusstraße 39
D-76676 Graben-Neudorf

Gedruckt auf alterungsbeständigem, säurefreiem Papier.

Printed in Poland
by Amazon Fulfillment
Poland Sp. z o.o., Wrocław

29766229R00074